1 MONTH OF
FREE
READING

at
www.ForgottenBooks.com

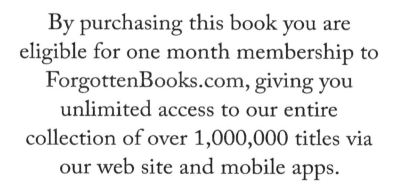

By purchasing this book you are eligible for one month membership to ForgottenBooks.com, giving you unlimited access to our entire collection of over 1,000,000 titles via our web site and mobile apps.

To claim your free month visit:
www.forgottenbooks.com/free743224

ISBN 978-0-484-60687-5
PIBN 10743224

Inſtruction par Nous approuvée, ils faſſent tranſcrire ſur leurs Regiſtres, lire, publier & afficher dans leurs reſſorts & départemens reſpectifs, & exécuter comme Loi du Royaume. En foi de quoi Nous avons ſigné & fait contreſigner ceſdites préſentes, auxquelles Nous avons fait appoſer le ſceau de l'État. A Paris, au mois de Janvier, l'an de grâce mil ſept cent quatre-vingt-dix, & de notre règne le ſeizième. *Signé* LOUIS. *Et plus bas*, Par le Roi, DE SAINT-PRIEST. *Viſa* ✝ L'ARCHEVÊQUE DE BORDEAUX. Et ſcellées du ſceau de l'État.

A PARIS, DE L'IMPRIMERIE ROYALE. 1790.

INSTRUCTION

DE L'ASSEMBLÉE NATIONALE,

Sur la formation des Assemblées représentatives
& des Corps administratifs.

Du 8 Janvier 1790.

LE Décret de l'Assemblée Nationale du 22 décembre 1789, sur la formation des assemblées représentatives & des Corps administratifs, est divisé en quatre parties.

Les douze premiers articles contiennent les dispositions fondamentales de la nouvelle organisation du royaume en départemens, en districts & en cantons, & quelques règles communes à la double représentation élevée sur cette nouvelle organisation ; savoir, la représentation nationale dans le Corps législatif & la représentation des citoyens de chaque département dans les Corps administratifs.

La première section du Décret établit les principes & les formes des élections. Les assemblées d'élection sont de deux espèces : les premières, appelées primaires, sont celles dans lesquelles tous les citoyens actifs se réuniront pour nommer des Électeurs; les secondes, sont celles des Électeurs qui auront été nommés par les assemblées primaires.

Les vingt-un premiers articles de cette section traitent des assemblées primaires qui sont les mêmes, c'est-à-dire, qui sont formées de la même manière & qui servent également pour parvenir à la nomination, soit des Représentans dans le Corps

A

législatif, soit des Administrateurs de département & de district.

Les quatorze articles suivans de la même section, ne concernent que les assemblées des Electeurs, lorsqu'il s'agit de nommer les Représentans au Corps législatif, & prescrivent les formés à suivre pour l'élection de ces Représentans.

La seconde section du Décret traite de la formation & de l'organisation des Corps administratifs dans les départemens & dans les districts.

Les onze premiers articles de cette section, sont relatifs aux assemblées des Electeurs, lorsqu'il s'agit de nommer les Membres de ces Corps administratifs.

Les vingt derniers articles expliquent de quelle manière les Corps administratifs doivent être composés, organisés & renouvelés.

Enfin la troisième section du Décret traite de la nature des pouvoirs & de l'étendue des fonctions des Corps administratifs.

§. I.

Observations sur les premiers articles du Décret.

Tous les François sont frères & ne composent qu'une famille. Ils vont concourir de toutes les parties du royaume, à la formation de leurs loix : les règles & les effets de leur gouvernement vont être les mêmes dans tous les lieux. La nouvelle division du territoire commun, détruit toute disproportion sensible dans la représentation & toute inégalité d'avantages & de désavantages politiques. Cette division étoit désirable sous plusieurs rapports civils & moraux, mais sur-tout elle est nécessaire pour fonder solidement la Constitution, & pour en garantir la stabilité : que de motifs pour tous les bons Citoyens d'en accélérer l'exécution !

Les élections à faire pour compofer la prochaine légiflature qui remplacera l'Affemblée Nationale actuelle, & celles qui font néceffaires en ce moment même pour la formation des Corps administratifs, qui feront difparoître les derniers veftiges du régime ancien, dépendent abfolument de la prompte organifation des départemens en diftricts, & des diftricts en cantons.

L'Affemblée Nationale a fait à cet égard tout ce qui étoit néceffaire pour faciliter les opérations locales, & pour en hâter le fuccès. Elle a fixé les chefs-lieux des départemens & des diftricts, avec cette modification que l'affemblée des Électeurs qui nommeront les Repréfentans au Corps légiflatif, fera tenue alternativement dans les chefs-lieux de tous les diftricts : elle a même laiffé la faculté d'alterner ainfi entre certaines villes du même département pour la feffion du Corps adminiftratif, fi les citoyens du département le trouvent convenable.

L'Affemblée Nationale a encore tracé les limites de chaque département, & de chaque diftrict, telles qu'elles ont paru convenables au premier aperçu. Si les détails de l'exécution font découvrir le befoin ou la convenance de quelques changemens à cette démarcation, il eft difficile que les motifs en foient affez preffans pour que les divifions indiquées par l'Affemblée Nationale, ne puiffent pas être fuivies, au moins inftantanément pour la première tenue des affemblées qui vont être convoquées, & dont rien ne pourroit autorifer un plus long retardement.

Cette exécution préalable ne nuira point aux repréfentations de ceux qui fe croiront fondés à en faire. Les Corps adminiftratifs une fois formés & établis en chaque département & en chaque diftrict, deviendront les Juges naturels de ces convenances locales. Ils feront, de concert entr'eux, toutes les rectifications dont leurs limites refpectives fe trouveront fufceptibles pour concilier l'intérêt des particuliers avec le bien général ; & s'il arrivoit qu'ils ne puffent pas s'accorder fur quelques-unes, l'Affemblée Nationale les règlera fur les mémoires qu'ils lui feront parvenir.

Il feroit bien défirable que la divifion des cantons pût fe faire inceffamment en cháque diftrict; mais elle n'eft pas effentiellement néceffaire à la formation des prochaines affemblées. Dans les départemens où cette divifion n'aura pu être fixée par l'Affemblée Nationale, après avoir entendu les Députés du pays, elle fera provifoirement fuivie pour les premières élections feulement. Dans les départemens où elle n'aura pas pu être faite par l'Affemblée Nationale, il fuffira de former des réunions de paroiffes voifines, en compofant chaque aggrégation d'un plus ou moins grand nombre de paroiffes, fuivant les forces de leur population, de manière que chaque aggrégation fourniffe un nombre de citoyens actifs fuffifant pour former une affemblée primaire, & approchant, le plus près qu'il fera poffible, du nombre de fix cents.

L'Affemblée Nationale invite les Membres des municipalités de chaque paroiffe, à feconder de tout leur zèle cette réunion des communautés contiguës, que le voifinage, l'état de la population & les autres convenances locales appelleront à s'aggréger pour compofer-enfemble une affemblée primaire.

§. I I.

Éclairciffemens fur les vingt-un premiers Articles de la Section I.ʳᵉ du Décret concernant les Affemblées primaires.

LORSQU'IL s'agira de nommer des Repréfentans à l'Affemblée Nationale, ou lorfqu'il s'agira de compofer & de renouveler les Corps adminiftratifs, les citoyens ne fe réuniront pas par affemblées de paroiffe ou de communauté, comme celles qui ont lieu pour la formation des Municipalités; mais par affemblées primaires dans les cantons, ou de la manière qui vient d'être expliquée pour les prochaines élections dans les diftricts où les cantons ne feront pas encore formés. Les véritables élémens de la repréfentation nationale, ne feront pas ainfi dans les Munici-palités, mais dans les affemblées primaires des cantons.

La principale raifon qui a déterminé l'Affemblée Nationale à préférer les affemblées primaires par cantons, aux fimples affem-blées par paroiffe ou communauté, eft que les premières étant plus nombreufes, déconcertent mieux les intrigues, détruifent l'efprit de corporation, affoibliffent l'influence du crédit local, & par-là affurent davantage la liberté des élections. Les citoyens des campagnes ne regretteront pas la peine légère d'un très-petit déplacement, en confidérant qu'ils acquièrent à ce prix une plus grande indépendance dans l'exercice de leur droit de voter.

Les citoyens actifs auront feuls le droit de fe réunir pour former dans les cantons les affemblées primaires.

Chaque affemblée aura le droit de vérifier & de juger la validité des titres de ceux qui fe préfenteront pour y être admis, & n'y recevra que les perfonnes qui réuniront toutes les condi-tions requifes pour être citoyen actif.

Ces conditions détaillées dans l'article III de la première fection du Décret, font :

1.º D'être François ou devenu François.

2.º D'être majeur de vingt-cinq ans accomplis.

3.º D'être domicilié de fait dans le canton, au moins depuis un an.

4.º De payer une contribution directe de la valeur locale de trois journées de travail.

5.º De n'être point dans l'état de domefticité, c'eft-à-dire, de ferviteur à gages.

Les expreffions, ou *devenu François*, employées dans la

rédaction de la première condition, ont pour objet de n'exclure pour l'avenir aucuns des moyens d'acquérir le titre & les droits de citoyen en France ; que les légiflatures pourront établir, autres que les lettres de naturalifation, qui jufqu'à préfent ont été pour nous la feule voie de conférer la qualité de citoyen aux Étrangers.

La *contribution directe* dont il eft parlé dans la quatrième condition, s'entend de toute impofition foncière ou perfonnelle, c'eft-à-dire, affife directement fur les fonds de terre, ou affife directement fur les perfonnes, qui fe lève par les voies du cadaftre ou des rôles de cotifation, & qui paffe immédiatement du contribuable cotifé au percepteur chargé d'en recevoir le produit. Les vingtièmes, la taille, la capitation & l'impofition en rachat de corvée, telle qu'elle a lieu maintenant, font des contributions directes. Les contributions indirectes au contraire font tous les impôts affis fur la fabrication ; la vente, le tranfport & l'introduction de plufieurs objets de commerce & de confommation ; impôt dont le produit ordinairement avancé par le fabricant, le marchand ou le voiturier, eft fupporté, & indirectement payé par le confommateur.

Les contribuables qui étoient cotifés dans les derniers rôles de 1789 au taux prefcrit pour rendre citoyen actif ou éligible, & qui, par l'effet de la nouvelle impofition des perfonnes & des biens ci-devant privilégiés, payeroient maintenant une cote moindre que ce taux, feront néanmoins admis aux prochaines élections, fans tirer à conféquence pour les fuivantes.

Ces autres expreffions, *de la valeur locale de trois journées de travail*, fignifient que la cote des contributions directes qu'il faut payer pour être citoyen actif, doit varier dans les différentes parties du Royaume, à proportion de la valeur des falaires que les journaliers y gagnent communément pour chaque journée de travail ; mais qu'elle doit toujours se monter par-tout au triple de la valeur d'une journée de travail ; ou, ce qui revient au même, être égale à la valeur des salaires qu'un journalier gagne en trois jours.

Les banqueroutiers, les faillis & les débiteurs insolvables, sont exclus des assemblées primaires. Les enfans qui auront reçu & qui retiendront, à titre gratuit, quel qu'il soit, une portion des biens de leur père mort insolvable, sans payer leur part virile de ses dettes, sont exclus de même. Il faut cependant excepter les enfans mariés, qui auront reçu des dots avant la faillite de leur père, ou avant son insolvabilité notoirement reconnue. L'exclusion du débiteur cessera, lorsqu'il aura payé ses créanciers ; & celle de l'enfant, lorsqu'il aura payé sa portion virile des dettes de son père.

La *portion virile* est pour chaque enfant, la part des dettes qu'il auroit été tenu de payer, s'il eût hérité de son père.

A l'avenir, il y aura plusieurs autres conditions à remplir pour être admis aux assemblées primaires ; savoir : celle de l'inscription au tableau civique dont il est parlé à l'article IV, pour ceux qui auront atteint l'âge de vingt-un ans ; la prestation publique après l'âge de vingt-cinq ans, entre les mains du Président de l'administration de district, du serment patriotique, prescrit par l'article VIII, & l'inscription au tableau des citoyens actifs, qui sera dressé en chaque Municipalité, aux termes du même article VIII.

Ces conditions ne peuvent pas avoir lieu pour les prochaines élections ; mais le Décret que l'Assemblée Nationale a rendu le 28 décembre dernier, ordonne qu'il y sera suppléé de la manière suivante. Aussitôt que les prochaines assemblées primaires seront formées & auront nommé leur Président & leur Secrétaire, comme il sera expliqué ci-après, le Président & le Secrétaire prêteront, en préfence de l'affemblée, le ferment de *maintenir de tout leur pouvoir*, la *Conftitution du Royaume*, *d'être fidèles à la Nation*, à la *Loi & au Roi*, de *choifir en leur ame & confcience les plus dignes de la confiance publique*, & de *remplir avec zèle & courage les fonctions civiles & politiques qui leur feront confiées*. Enfuite tous les Membres de l'affemblée feront le même ferment entre les mains du Préfident. Ceux qui s'y réfuferoient, feroient incapables d'élire & d'être élus.

Les citoyens qui auront exercé leur droit de citoyen actif dans une des affemblées primaires, ne pourront ni en répéter l'exercice, ni même affifter à une autre affemblée.

Tout citoyen actif doit fe préfenter en perfonne, & les affem-blées doivent être exactes à n'en admettre aucun, de quelque état & condition qu'il foit, à voter par procureur. L'article IX de la première fection du Décret a confacré cette règle conftitu-tionnelle, que dans aucune affemblée, perfonne ne pourra fe faire repréfenter par un autre.

L'abolition des ordres étant une des bafes fondamentales de la Conftitution, aucune affemblée ne peut plus être convoquée ni tenue par ordres; mais tous les citoyens de chaque canton, fans aucune diftinction de rang, d'état ni de condition, fe réu-niront dans les mêmes affemblées primaires, & voteront enfemble pour les élections que chaque affemblée aura le droit de faire.

Dans tout canton, il y aura toujours une affemblée primaire, & il pourra y en avoir plufieurs dans le même canton.

Il y aura une affemblée primaire dans le canton, quoique le nombre de citoyens actifs s'y trouve moindre de cent; & il n'y en aura qu'une, tant que le nombre des citoyens actifs ne s'y élèvera pas à neuf cents.

Dès que la population d'un canton fournira neuf cents ci-toyens actifs, il fera néceffaire d'y former plufieurs affemblées primaires.

primaires, en obfervant 1.° que chaque affemblée approche toujours le plus près qu'il fera poffible du nombre fix cents; 2.° qu'aucune affemblée ne foit jamais au-deffous de quatre cent, cinquante. C'eft par ces deux principes qu'il faudra fe régler conftamment pour déterminer le nombre des affemblées néceffaire à former en chaque canton, & la force de chacune d'elles. L'article XIII de la première fection du Décret préfente plufieurs exemples de l'application de ces principes, qui doivent fuffire pour guider dans tous les autres cas.

Il fera facile, auffitôt que la divifion des cantons fera fixée, de reconnoître combien chaque canton renfermera de citoyens actifs, combien d'affemblées primaires devront fe former dans ce canton, & quelle portion de la population du canton devra être attachée à chaque affemblée primaire. Il fuffira, pour cela que les Corps municipaux dreffent le tableau des citoyens actifs de chaque paroiffe ou communauté. Le réfultat général de tous ces tableaux réunis, donnera pour chaque canton, tous les éclairciffemens qu'on peut défirer.

Le nombre des affemblées primaires fera déterminé dans chaque canton par celui des citoyens actifs domiciliés dans le canton, & qui auront le droit de fe préfenter aux affemblées, quoiqu'il puiffe arriver que tous ne s'y rendent pas en effet.

Les villes auront particulièrement leurs affemblées primaires. Celles de quatre mille ames & au-deffous, n'en auront qu'une. Il y en aura deux dans celles de quatre mille ames jufqu'à huit mille, trois dans celles de huit mille ames jufqu'à douze mille, & ainfi de fuite. Ces affemblées ne fe formeront pas par métiers, profeffions ou corporations, mais par quartiers, ou arrondiffemens.

Le premier acte de chaque affemblée primaire, après qu'elle fera formée, fera d'élire un Préfident & un Secrétaire. Le Doyen d'âge tiendra la féance, & un des Membres de l'affemblée fera

B

les fonctions de Secrétaire, jusqu'à ce que ces premières élections soient faites. On y procédera par la voie *du scrutin individuel & à la pluralité absolue* des suffrages : les trois plus anciens d'âge après le Doyen, feront provisoirement l'office de scrutateurs en présence de l'assemblée.

Le Président & le Secrétaire élus, prêteront aussitôt à l'assemblée le serment patriotique dont il a été parlé ci-dessus, *page 8*, & le Président recevra ensuite celui de l'assemblée, avant qu'il puisse être fait aucune autre opération.

Après ces sermens prêtés, l'assemblée procédera, par un seul *scrutin de liste simple*, à la nomination de trois scrutateurs. Les trois plus anciens d'âge en feront encore la fonction pour cette élection.

Enfin, l'assemblée nommera les Électeurs qui seront chargés d'élire les représentans à l'Assemblée Nationale, & le choix en fera fait en *un seul scrutin de liste double*, du nombre des Électeurs que l'assemblée aura droit de nommer.

Il est nécessaire de bien entendre les différences qui se trouvent entre les diverses manières d'élire, soit *à la pluralité absolue* des suffrages, ou *à la pluralité relative*, soit au scrutin *individuel*, ou *de liste simple*, ou *de liste double*.

L'élection à la *pluralité absolue* des suffrages, est celle pour laquelle il faut réunir la moitié de toutes les voix, plus une.

L'élection à la *pluralité relative* des suffrages, est celle pour laquelle il suffit d'avoir obtenu plus de voix que ses compétiteurs, quoique ce plus grand nombre de voix obtenues, ne s'élève pas à la moitié du nombre total des suffrages. Ainsi, de douze Électeurs, cinq nomment *A*; quatre nomment *B*, les trois autres nomment *C*; il faudroit sept voix réunies sur *A*, pour qu'il fût élu à la *pluralité absolue*; mais il est élu par cinq voix à la *pluralité relative*, parce qu'il en a une plus que *B*, & deux plus que *C*.

Le *scrutin individuel* eſt celui par lequel on vote ſéparément ſur chacun des ſujets à élire, en recommençant autant de ſcrutins particuliers qu'il y a de nominations à faire.

Le ſcrutin de *liſte ſimple* eſt celui par lequel on vote à la fois ſur tous les ſujets à élire, en écrivant autant de noms dans le même billet qu'il y a de nominations à faire.

Le ſcrutin de *liſte double* eſt celui par lequel non-ſeulement chaque Électeur vote à la fois ſur tous les ſujets à élire, mais encore déſigne un nombre de ſujets, double de celui des places à remplir, en écrivant dans le même billet un nombre de noms double de celui des nominations à faire.

Ces différens ſcrutins ont chacun des avantages & des incon-véniens particuliers. L'Aſſemblée Nationale en a varié l'applica-tion, ſuivant le degré d'importance que l'objet de chaque élection lui a paru mériter.

Lorſqu'on élit *au ſcrutin individuel & à la pluralité abſolue des ſuffrages*, ainſi qu'il eſt dit dans l'article XV de la première ſection du Décret, il faut obtenir cette pluralité abſolue, même au troiſième tour de ſcrutin, lorſque les deux premiers tours ne l'ont pas produite. C'eſt par cette raiſon, qu'après le ſecond tour de ſcrutin, les noms des deux candidats qui ont obtenu le plus grand nombre de voix, ſont proclamés à l'aſſemblée, & qu'il n'eſt permis de voter qu'entr'eux ſeulement au troiſième tour. Le cas du partage des voix à ce troiſième tour, fait alors une néceſſité de terminer l'élection par un autre moyen que celui de la plu-ralité abſolue des ſuffrages, qui devient impoſſible à obtenir. Le Décret détermine, en ce cas, la préférence par l'ancienneté d'âge.

Il n'en eſt pas de même, lorſque l'élection ſe fait au ſcrutin de *liſte ſimple*, ou de *liſte double*, ainſi qu'il eſt dit dans les articles XVI & XX de la première ſection du Décret. Ceux

qui ont obtenu la pluralité des suffrages au premier tour de
scrutin, font élus. S'il reste des places à remplir, on fait un
second tour de scrutin, & l'élection n'a encore lieu cette seconde
fois qu'en faveur de ceux qui ont obtenu la pluralité absolue :
mais s'il faut passer à un troisième tour de scrutin pour compléter le nombre des sujets à élire, il n'est pas nécessaire de
proclamer les noms des deux candidats qui ont eu le plus de
voix au second tour. Les suffrages des Électeurs peuvent encore
se porter librement sur tous les sujets, & c'est la simple pluralité relative des voix qui suffit cette troisième fois pour déterminer l'élection.

Il ne faut pas oublier, lorsqu'il s'agit d'un scrutin *de liste double*,
qu'au second & au troisième tour, les noms inscrits dans la liste
ou le bulletin de chaque Électeur, ne doivent être doubles que
du nombre seulement des sujets qui restent à élire. C'est par ce
scrutin de *liste double*, que l'article XX de la première section
du Décret, prescrit aux assemblées primaires de nommer les
Électeurs.

Le nombre d'Électeurs que chaque assemblée a le droit de
nommer, est fixé, par l'article XVII, à un Électeur par cent
citoyens actifs; en sorte que jusqu'à cent cinquante citoyens actifs,
il ne peut être nommé qu'un Électeur, & qu'il en doit être nommé
deux, depuis cent cinquante-un citoyens actifs jusqu'à deux cent
cinquante, & ainsi de suite. Mais il faut observer que le nombre
des citoyens actifs, qui détermine celui des Électeurs à nommer,
ne se règle pas par les seuls votans présens à l'assemblée. On
doit compter tous les citoyens actifs qui existent dans le ressort
de l'assemblée primaire, & qui pourroient se présenter & voter.

Les assemblées primaires doivent choisir les Électeurs qu'elles
auront le droit de nommer dans le nombre des citoyens éligibles
du canton; & pour être éligible, il faudra réunir aux qualités

de citoyen actif, détaillées ci-deſſus, la condition de payer une contribution directe plus forte, que l'article XIX a fixée pour le moins à la valeur locale de dix journées de travail.

§. III.

Développement des quatorze derniers articles de la Section 1.ᵉʳᵉ du Décret, concernant les Aſſemblées des Électeurs, nommant au Corps légiſlatif.

LORSQUE les aſſemblées primaires auront fait leurs élections dans tous les cantons d'un même département, tous les Électeurs nommés ſe réuniront, de quelque état & condition qu'ils ſoient, en une ſeule aſſemblée qui élira les repréſentans à l'Aſſemblée Nationale.

Si cependant une aſſemblée d'Électeurs ſe trouvoit tellement nombreuſe, qu'elle ne pût ni être réunie, ni délibérer commodément dans le même lieu, elle pourroit ſe diviſer en deux ſections, & le recenſement des ſcrutins particuliers de chaque ſection ſe feroit en commun entre leurs ſcrutateurs réunis, & en préſence des commiſſaires que chaque ſection pourroit nommer pour y aſſiſter.

Ainſi la ſubdiviſion des départemens en diſtricts, n'eſt d'aucune utilité, & n'a point d'application au mode des élections pour le Corps légiſlatif. Tel eſt le réſultat de la diſpoſition portée dans l'article XXI de la première ſection du Décret, qu'il n'y aura qu'un ſeul degré d'élection intermédiaire entre les aſſemblées primaires & l'Aſſemblée Nationale. L'eſprit qui a dicté cette diſpoſition, a été de conſerver davantage la fidélité & la pureté de la repréſentation, en rendant plus directe & plus immédiate l'influence des repréſentés ſur le choix de leurs repréſentans.

C'eſt dans le même eſprit, & pour prévenir la prépondérance qu'un chef-lieu d'élection permanent auroit pu acquérir à la longue, qu'il a été décidé par l'article XXIII, que l'affemblée des Électeurs tiendra alternativement dans les chefs-lieux des différens diftricts de chaque département.

Lorfque les Électeurs d'un département, réunis, auront formé leur affemblée, ils procéderont dans le même ordre & dans les mêmes formes que les affemblées primaires, d'abord à la nomination d'un Préfident & d'un Secrétaire, enfuite à la preftation du ferment patriotique, puis au choix de trois fcrutateurs ; & enfin à l'élection des repréfentans que ce département aura le droit de nommer à l'Affemblée Nationale.

La nomination des repréfentans à l'Affemblée Nationale doit toujours être faite au *fcrutin individuel & à la pluralité abfolue des fuffrages*. L'article XXV contient, fur la manière de procéder à cette élection, des explications détaillées, dont il ne fera permis fous aucun prétexte de s'écarter.

Les Électeurs de chaque département obferveront de ne choifir les repréfentans qu'ils nommeront à l'Affemblée Nationale, que dans le nombre des citoyens éligibles du département ; & pour être éligible, il faudra réunir aux qualités de citoyen actif précédemment expliquées, les deux conditions fuivantes : 1.° de payer une contribution directe équivalente à la valeur d'un marc d'argent ; 2.° d'avoir en outre une propriété foncière quelconque.

Les Électeurs ne perdront pas de vue les difpofitions du Décret que l'Affemblée Nationale a rendu le 24 décembre dernier, & que le Roi s'eft empreffé de fanctionner, qui ftatue :

1.° Que les non-catholiques qui auront rempli toutes les conditions prefcrites pour être électeurs & éligibles, pourront être élus dans tous les degrés d'adminiftration, fans exception.

2.° Qu'ils font capables de tous les emplois civils & militaires, comme les autres citoyens.

3.° Que l'Assemblée Nationale n'a entendu rien préjuger, relativement aux Juifs, sur l'état desquels elle se réserve de prononcer.

4.° Qu'au surplus, il ne pourra être opposé à l'éligibilité d'aucun citoyen, d'autres motifs d'exclusion que ceux qui résultent des Décrets constitutionnels.

Tous les départemens doivent participer proportionnellement à la représentation nationale dans le Corps législatif. Ils doivent donc envoyer un nombre de représentans, proportionné non-seulement aux forces relatives de leur population, mais encore à tous leurs autres rapports de valeurs politiques.

Le respect de l'Assemblée Nationale pour ce principe fondamental, l'a déterminée à distribuer le nombre des représentans entre tous les départemens du royaume, en prenant pour bases de cette distribution les trois élémens du territoire de la population & de la contribution directe, qui peuvent être combinés avec autant de justice dans les résultats, que de facilité dans le procédé.

La base territoriale est invariable; elle est à peu-près égale entre tous les départemens établis par la nouvelle division du royaume. On peut donc équitablement attribuer à chacun des départemens, une part de députation égale (a) & fixe, à raison de leur territoire.

Les bases de la population & de la contribution directe sont variables, & d'un effet inégal entre les divers départemens; mais il est un moyen sûr d'atteindre toujours à l'égalité proportionnelle & de la rendre invariable, malgré la variabilité de la population & des contributions. L'Assemblée Nationale a saisi ce

(a) Paris seul fait exception à cette règle, comme on le verra à la page 16.

moyen qui confiste à attacher les deux autres parts de députation, l'une à la population totale du royaume; l'autre à la
masse entière des contributions directes, & de faire participer
chaque département à ces deux dernières parts de députation,
à proportion de ce qu'il aura de population à l'époque de chaque
élection, & de ce qu'il payera de contribution directe.

Le principe constitutionnel sur cette matière & le mode de
le pratiquer sont fixés par les articles XXVII, XXVIII, XXIX
& XXX de la première section du Décret.

Le nombre des départemens du royaume est fixé à quatre-
vingt-trois, & celui des représentans à l'Assemblée Nationale,
sera de sept cent quarante-cinq; la composition particulière du
département de Paris nécessite cette modification à l'article
XXVI.

De ces sept cent quarante-cinq représentans, deux cent qua-
rante-sept seront attachés au territoire, & les quatre-vingt deux
départemens autres que Paris, en nommeront deux cent qua-
rante-six par nombre égal entr'eux, de manière que chacun de
ces départemens députera trois représentans de cette première
classe. Celui de Paris, beaucoup moindre en étendue, nommera
le deux cent quarante-septième.

Des quatre-cent quatre-vingt-dix-huit autres représentans, la
première moitié formant deux cent quarante-neuf représentans,
sera envoyée par les quatre-vingt-trois départemens à raison
de la population active de chaque département. Pour y parvenir,
la population totale du royaume sera divisée en deux cent quarante-neuf parts, & chaque département aura le droit de nommer
autant de représentans de cette seconde classe, qu'il contiendra
de ces deux cent quarante-neuvièmes.

La seconde moitié formant deux cent quarante-neuf représentans, se distribuera par une semblable opération entre les quatre-
vingt-trois

vingt-trois départemens, à raison de la fomme refpective des contributions directes de chaque département. La maffe entière de la contribution directe du royaume, fera de même divifée en deux cent quarante-neuf parts, & chaque département nommera autant de députés de cette troifième claffe qu'il payera de ces deux cent quarante-neuvièmes.

La fomme de la population active de chaque département fera facilement connue, puifque chaque affemblée primaire nommera un Électeur par cent citoyens actifs; ainfi le nombre des Électeurs envoyés par chaque canton, indiquera celui des citoyens actifs du canton, & le nombre total des Électeurs nommés en chaque département, conftatera le taux de la population active du département.

Les affemblées d'Électeurs, qui vont être inceffamment convoquées en chaque département pour la formation des Corps adminiftratifs, auront foin de dreffer un tableau de la population active de leur département, en prenant pour bafe le nombre des Électeurs nommés par les affemblées primaires, multiplié par cent. Elles feront deux doubles de ce tableau, dont un fera envoyé fans retard au Préfident de l'Affemblée Nationale, & l'autre fera remis & dépofé aux archives de l'adminiftration de département. Le réfultat de tous ces tableaux particuliers, remis par les quatre-vingt-trois départemens, donnera l'état général de la population active de tout le royaume, & l'état comparé de la population relative des départemens entr'eux. Ces états feront publiés & adreffés aux adminiftrations de département, pour être confervés dans leurs archives.

La fomme de contribution directe qui fera payée par chaque département, fera de même aifément connue, puifque les adminiftrations de département & de diftrict, préfideront au régime & à la répartition de ces contributions. L'état de leur montant

C

total levé actuellement dans toute l'étendue du royaume, sera
inceffamment dreffé, publié & adreffé aux adminiftrations de
département, auffitôt qu'elles feront établies.

Ces renfeignemens généraux joints à ceux que les Corps
adminiftratifs & les Électeurs eux-mêmes feront à portée d'acquérir fur les lieux, mettront les affemblées d'Électeurs de chaque
département en état de reconnoître fans embarras, dès les
premières élections pour la prochaine légiflature, le nombre de
repréfentans qu'elles devront nommer, fuivant les articles XXIX
& XXX, à raifon tant de la population que de la contribution
directe de leur département. Les élections fubféquentes éprou-
veront encore moins de difficulté, parce que la méthode de
combiner les trois bafes conftitutionnelles de la repréfentation
nationale, reconnue très-fimple dès la première épreuve, fe
fimplifiera de plus en plus par l'expérience, & deviendra bientôt
familière par l'habitude. La Conftitution de la France offrira à
toutes les nations un modèle de la repréfentation la plus exacte
par la réunion de tous les élémens qui doivent équitablement
concourir à la compofer.

Après que chaque affemblée d'Électeurs aura nommé les
repréfentans à l'Affemblée Nationale, elle procédera à la nomination des fuppléans deftinés à remplacer les repréfentans qui
pourroient devenir, après leur élection, hors d'état d'en remplir
l'objet.

L'article XXXIII de la première fection du Décret, n'autorife
la fubftitution des fuppléans aux repréfentans élus, que dans
deux cas, celui de la mort de ces derniers, ou celui de leur
démiffion. Par cette raifon, il a paru fuffifant de réduire le
nombre des fuppléans que chaque affemblée pourra nommer,
au tiers de celui des repréfentans qu'elle aura eu le droit d'élire.

Les fuppléans feront nommés au fcrutin de *lifte double*, & à la simple *pluralité relative* des suffrages. Cette nomination finira ainsi en un seul tour de scrutin, puisque dès le premier tour, tous ceux, jusqu'au nombre prescrit, qui auront obtenu le plus de voix, seront définitivement élus, sans qu'il soit nécessaire qu'ils ayent réuni plus de la moitié des suffrages.

Le premier élu des suppléans, sera le premier appelé en remplacement; le second le sera après lui, & ainsi de suite. Quand le nombre des représentans sera impair, le tiers des suppléans sera fixé par la fraction la plus forte; de manière qu'on élira deux suppléans pour cinq représentans, trois pour sept & pour huit, & de même progressivement.

Le procès-verbal de l'élection est le seul acte qui pourra être remis par les Électeurs aux représentans. Il est aussi le seul titre à considérer pour l'exercice des fonctions des repré-sentans à l'Assemblée Nationale. Les mandats impératifs étant contraires à la nature du Corps législatif qui est essentiellement délibérant, à la liberté de suffrage dont chacun de ses membres doit jouir pour l'intérêt général, au caractère de ces membres, qui ne sont point les représentans du département qui les a envoyés, mais les représentans de la Nation; enfin, à la nécessité de la subordination politique des différentes sections de la nation au corps de la nation entière, aucune Assemblée d'Électeurs ne pourra ni insérer dans le procès-verbal de l'élection, ni rédiger séparément aucuns mandats impératifs; elle ne pourra pas même charger les Représentans qu'elle aura nommés, d'aucuns cahiers ou mandats particuliers. Les Électeurs & les assemblées primaires auront cependant la faculté de rédiger des pétitions & des instructions pour les faire parvenir au Corps législatif; mais, ils seront tenus de les lui adresser directement.

Ces dispositions consacrées par l'article XXXIV & celle de l'article XXXV, qui défend tant aux assemblées d'Électeurs qu'aux affemblées primaires de continuer leurs féances après les élections finies , & de les reprendre avant l'époque des élections fuivantes, doivent être refpectées comme des maximes effentielles à la ftabilité de la Conftitution, à la pureté de fon efprit & au maintien de l'ordre qu'elle a établi dans l'exercice du plus impor- tant de tous les pouvoirs : elles doivent être obfervées à la rigueur dans tous les cas.

§. I V.

Obfervations fur les onze premiers Articles de la Section II du Décret concernant les Affemblées des Électeurs nommant aux Corps adminiftratifs.

La feconde fection du Décret ne traite plus du Corps légif- latif, mais de la formation & de l'organifation des adminiftra- tions de département & de diftrict.

Cette partie du Décret eft celle dont il faut fe pénétrer fpécialement pour diriger ou fuivre les premières opéra ions qui vont fe faire dans les départemens, au moment très-prochain de l'établiffement des Corps adminiftratifs.

Il n'y a auffi qu'un feul degré d'élection intermédiaire entre les affemblées primaires & les affemblées adminiftratives, fuivant l'article I.er de la fection II, comme il a été dit plus haut qu'il n'y en a qu'un entre les affemblées primaires & l'Affemblée Nationale.

L'article II ajoute, qu'après avoir nommé les Députés à l'*Affemblée Nationale*, les *mêmes Électeurs* éliront les Adminiftra- teurs du département. Il eft évident par-là que tout ce qui eft prefcrit par la première fection du Décret, & tout ce qui eft expliqué dans le §. II de cette Inftruction, touchant les affem- blées primaires & la nomination des Électeurs pour l'Affemblée Nationale, fert en même temps & s'applique aux élections relatives à la formation des Corps adminiftratifs.

Si l'intérêt du royaume permettoit d'attendre pour l'établisse-
ment de ces Corps, l'époque des élections à la prochaine
législature, les Électeurs qui auroient été choisis pour nommer
les Membres de cette législature, seroient les mêmes qui, après
avoir fait cette nomination, éliroient les Membres des administrations de département & de district. Mais la formation de
ces administrations n'admettant aucun délai, il faut en ce
moment procéder aux élections, en commençant par les assemblées primaires ; comme s'il s'agissoit de choisir des Électeurs
pour une législature, & en observant les formes établies par
les vingt-un premiers articles de la section Ire du Décret.

Les renouvellemens de la moitié des membres des Corps
administratifs qui auront lieu par la suite tous les deux ans,
seront faits aux termes des articles II & III de la section II,
par les Électeurs qui auront élu les représentans au Corps
législatif.

A la prochaine convocation, les assemblées primaires se formeront comme il a été dit au §. II. de la présente Instruction. Elles
éliront leur Président, leur Secrétaire & trois scrutateurs ; elles
nommeront ensuite les Électeurs au scrutin de *liste double*, &
à raison d'un Électeur sur cent citoyens actifs.

Les Électeurs nommés par toutes les assemblées primaires de
chaque département, se réuniront en une seule assemblée au
chef-lieu de département, c'est-à-dire dans la ville désignée
pour être le siége de l'administration. Si cependant le nombre
des Électeurs se trouvoit trop considérable, ils pourroient diviser
leur assemblée en deux sections, comme il a été dit à la
page 13.

Aussitôt que l'assemblée des Électeurs sera formée, elle
nommera son Président & son Secrétaire, qui prêteront à
l'assemblée le serment patriotique ; & le Président recevra celui

de l'affemblée. Il fera procédé enfuite à la nomination de trois fcrutateurs.

Toutes ces opérations feront faites de la même manière & dans les mêmes formes que s'il s'agiffoit d'une affemblée d'Électeurs nommant au Corps légiflatif. Il faut recourir fur tous ces points aux développemens contenus au §. II de cette Inftruction.

Les Électeurs nommeront trente-fix membres pour compofer l'adminiftration de département.

Ces trente-fix Membres de l'adminiftration de département, feront élus au fcrutin de *lifte double* & *à la pluralité abfolue des fuffrages*, aux termes de l'article II de la feconde fection du Décret; c'eft-à-dire, que ceux qui auront obtenu la pluralité abfolue au premier tour de fcrutin, feront définitivement élus; & qu'il en fera de même au fecond tour, s'il a été néceffaire d'y paffer; mais s'il faut faire un troifième tour de fcrutin, la pluralité relative des fuffrages, fuffira cette troifième fois pour compléter l'élection.

Après la nomination des trente-fix Membres de l'adminiftration de département, les Électeurs procéderont de fuite à l'élection d'un Procureur général Syndic. Cette élection fera faite au *fcrutin individuel; & à la pluralité abfolue des fuffrages.*

Le Procureur général Syndic doit être choifi dans le nombre des citoyens réfidans habituellement dans le département, & n'ayant aucun fervice ou emploi qui puiffe le diftraire des fonctions affidues du fyndicat.

Les Électeurs pourront choifir les Membres de l'adminiftration de département, & le Procureur général Syndic, parmi les citoyens éligibles de tous les diftricts du département; mais en obfervant néanmoins que dans le nombre des trente-fix Membres, il y en ait toujours deux au moins de chaque diftrict.

Cette néceffité d'élire toujours deux Membres au moins de

chaque diſtrict, pourroit ſouvent ne pas ſe trouver, remplie, ſi les Électeurs votoient à la fois & indiſtinctement pour l'élection des trente-ſix Membres de l'adminiſtration ; car il arriveroit fréquemment, que dans un auſſi grand nombre de ſujets entre leſquels les ſuffrages ſe ſeroient diſtribués, la pluralité ne ſe trouveroit pas réunie ſur deux de chaque diſtrict. Il eſt donc néceſſaire de faire d'abord autant de ſcrutins particuliers qu'il y a de diſtricts dans le département, & de voter ſéparément pour l'élection des deux Adminiſtrateurs qui devront être tirés de chaque diſtrict, par liſte double de ce nombre deux ; enſuite les Électeurs pourront voter par un même ſcrutin, ſur-tout les Membres qui reſteront à élire, & qui pourront être pris dans l'étendue de tous les diſtricts indiſtinctement, en faiſant une liſte double du nombre de ces Membres reſtant à élire.

Les conditions de l'éligibilité à l'adminiſtration de département, ſont, 1.° d'être citoyen actif du département ; 2.° de réunir à toutes les qualités de citoyen actif, expliquées ci-deſſus, la condition de payer une contribution directe plus forte, & qui ſe monte au moins à la valeur locale de dix journées de travail.

Il y a incompatibilité entre les fonctions d'Adminiſtrateur de département, & celles,

1.° D'adminiſtrateur de diſtrict ; 2.° de membre d'un Corps municipal ; 3.° de percepteur des impoſitions indirectes. Si ceux qui rempliront quelqu'une de ces trois dernières fonctions ſe trouvoient élus à l'adminiſtration de département, ils ſeroient tenus d'opter incontinent.

Lorſque l'aſſemblée des Électeurs aura compoſé l'adminiſtration de département, & clos le procès-verbal de ſes élections, elle en remettra un double au Roi, & en adreſſera un autre au Préſident de l'Aſſemblée Nationale ; enſuite elle ſe déſunira.

Les Électeurs de chaque diſtrict, c'eſt-à-dire, tous ceux qui auront été nommés par les Aſſemblées primaires du reſſort du même diſtrict, ſe rendront de ſuite au chef-lieu du diſtrict, & s'y réuniront pour nommer les Membres qui compoſeront l'adminiſtration de ce diſtrict. Ainſi la première aſſemblée générale de tous les Électeurs de département, ſe diviſera en autant d'aſſemblées particulières qu'il y aura de diſtricts dans l'étendue du département.

Chaque aſſemblée des Électeurs de diſtricts nommera ſon Préſident, ſon Secrétaire & trois Scrutateurs, ainſi qu'il a été dit pour les aſſemblées primaires, & pour l'aſſemblée générale des Électeurs de département.

Elle élira enſuite douze Membres pour compoſer l'adminiſtration de diſtrict.

Ces douze Membres de l'adminiſtration de diſtrict, ſeront élus au ſcrutin *de liſte double* & *à la pluralité abſolue des ſuffrages*, de la même manière que les Membres des adminiſtrations de département.

Après la nomination des douze Membres de l'adminiſtration de diſtrict, les Électeurs procéderont à l'élection d'un Procureur ſyndic. Cette élection ſera faite comme celle du Procureur général Syndic de département, *au ſcrutin individuel & à la pluralité abſolue des ſuffrages*.

Les Électeurs pourront choiſir les Membres de l'adminiſtration de diſtrict, & le Procureur-ſyndic, parmi les citoyens éligibles de tous les cantons du diſtrict.

Les conditions de l'éligibilité pour l'adminiſtration de diſtrict, ſont, 1.º d'être citoyen actif du diſtrict; 2.º de payer la même ſomme de contribution directe que pour l'adminiſtration de département.

L'incompatibilité a lieu également contre les percepteurs

des impofitions indirectes, les Membres des Corps municipaux;
& réciproquement contre les Membres de l'adminiftration de
département.

§. V.

*Éclairciffemens fur les vingt derniers articles de la Section II
du Décret concernant l'organifation des Corps adminiftratifs.*

LES adminiftrations de département & de diftrict, font permanens fuivant l'article XII, non dans le fens que leurs feffions
puiffent être continues & fans intervalle, mais, parce que les
Membres qui compoferont les Corps adminiftratifs, conferveront
leur caractère pendant tout le temps pour lequel ils feront élus;
que ces Corps périodiquement renouvelés ne cefferont pas un
inftant d'exifter, & que l'adminiftration de département fera faite
chaque jour, fous leur influence & par l'autorité qui leur fera
confiée.

Les Membres des adminiftrations de département & de diftrict,
feront élus pour quatre ans, & refteront en fonctions pendant
ce temps. Ils feront renouvelés tous les deux ans par moitié,
c'eft-à-dire, que tous les deux ans il fortira dix-huit Membres
de l'adminiftration de département, & fix de celle de diftrict,
qui feront remplacés par un égal nombre de Membres nouvellement élus. Il fera procédé à ces remplacemens dans les mêmes
formes qui font établies pour la nomination des premiers
Membres de ces adminiftrations.

Le fort déterminera la première fois, après les deux premières années d'exercice, quels Membres devront fortir; les
autres cefferont enfuite leurs fonctions tous les deux ans par
moitié, à tour d'ancienneté. A ce moyen, les Membres qui fe
trouveront en 1792 dans la première moitié dont le fort
décidera la fortie, n'auront eu que deux ans d'exercice.

D

En procédant à ces renouvellemens pour l'administration de département, les Électeurs seront attentifs à maintenir toujours dans cette administration deux Membres au moins de chaque district; & par conséquent lorsqu'un district n'aura fourni que deux Membres à l'administration, ces Membres sortant d'exercice, ne pourront être remplacés que par de nouveaux Membres élus parmi les citoyens du même district.

Le Procureur général Syndic du département & les Procureurs-Syndics des districts, seront également élus pour quatre ans; après lesquels ils pourront être continués, par une nouvelle élection, pour quatre autres années; mais ensuite ils ne pourront plus être réélus, si ce n'est après un intervalle de quatre ans.

Lorsque les Membres qui vont être nommés pour composer les administrations, soit de département, soit de district, seront réunis pour tenir leur prochaine session, ils procéderont, dès la première séance, à la nomination d'un d'entr'eux pour Président. Jusques-là le doyen d'âge présidera. Les trois plus anciens après lui feront les fonctions de scrutateurs, & un des Membres remplira provisoirement celles de Secrétaire.

La nomination du Président sera faite au *scrutin individuel & à la pluralité absolue des suffrages.*

L'élection du Président sera suivie immédiatement de celle d'un Secrétaire qui sera nommé de même par les Membres de chaque administration, mais pris hors de leur sein. Il sera élu aussi *au scrutin individuel & à la pluralité absolue des suffrages;* mais il pourra être changé, lorsque les Membres de l'administration l'auront jugé convenable à la majorité des voix.

L'administration de département sera divisée en deux sections: la première portera le titre de *Conseil de Département;* & l'autre, celui de *Directoire de Département.*

Le directoire fera compofé de huit des Membres de l'adminiftration ; les vingt-huit autres formeront le confeil.

Pour opérer cette divifion, les trente-fix membres de chaque
adminiftration de département éliront, à la fin de leur première
feffion , *au fcrutin individuel & à la pluralité abfolue des fuffrages*,
les huit d'entr'eux qui compoferont le directoire.

Les Membres du directoire feront en fonctions pendant
quatre ans, & feront renouvelés tous les deux ans par moitié ;
la première fois au fort, après les deux Premières années d'exercice , enfuite à tour d'ancienneté. Il arrivera ainfi que la
moitié des Membres qui feront élus la première fois au
directoire, n'y pourra refter que deux ans.

Il faut obferver , par rapport aux directoires, que fi les
citoyens qui rempliroit des places de judicature , & qui
réuniront les conditions d'éligibilité prefcrites , ne font pas
exclus des adminiftrations de département & de diftrict , fuivant
l'article X de la feconde fection du Décret, ils ne peuvent
pas cependant être nommés Membres des directoires , aux
termes du même article, à caufe de l'incompatibilité qui réfulte
de l'affiduité des fonctions que les directoires d'une part , &
les places de judicature de l'autre , impofent également.

Les directoires doivent être en tout temps , & fur-tout en
ce premier moment, compofés de citoyens fages, intelligens,
laborieux ; attachés à la Conftitution , & qui n'ayent aucun
autre fervice ou emploi qui puiffe les diftraire des fonctions
du directoire.

C'eft au Confeil de département qu'il appartiendra de fixer
les règles de chaque partie importante de l'adminiftration du
département, & d'ordonner les travaux & les dépenfes générales.
Il tiendra pour cet effet une feffion annuelle pendant un mois
au plus; excepté la première qui pourra être de fix femaines.

Le directoire, au contraire, fera toujours en activité & s'occupera fans difcontinuation, pendant l'intervalle des feffions annuelles, de l'exécution des arrêtés pris par le Conseil, & de l'expédition des affaires particulières.

Le Préfident de l'administration de département, quoiqu'il ne foit pas compris dans les huit Membres dont le directoire fera compofé, aura le droit d'affister & de préfider à toutes les féances du directoire, qui pourra néanmoins fe choifir un Vice-Préfident.

Tous les ans le directoire rendra au Conseil de département le compte de fa gestion, & ce compte fera publié par la voie de l'impreffion. C'est à l'ouverture de chacune des feffions annuelles que le Conseil de département recevra & arrêtera le compte de la gestion du directoire. Il fera même tenu de commencer par-là le travail de chaque feffion. Les Membres du Directoire fe réuniront enfuite à ceux du Conseil, prendront féance & auront voix délibérative avec eux, de manière qu'à partir du compte rendu, la distinction du Conseil & du directoire demeurera fufpendue pendant la durée de la feffion, & tous les Membres de l'administration fiégeront enfemble en affemblée générale.

Pendant la feffion du Conseil, les Membres éliront toutes les femaines, *au scrutin individuel & à la majorité abfolue*, celui d'entr'eux qui aura la voix prépondérante dans les cas où les fuffrages feroient partagés.

La même élection fera faite tous les mois pour le directoire, par les membres qui le compoferont.

Tout ce qui vient d'être dit pour les administrations de département, aura lieu de la même manière pour les adminiftrations de diftricts.

Celles-ci feront auffi divifées en deux fections, l'une fous le titre de *Conseil de district*, l'autre sous celui de *directoire de district.*

Le directoire de district sera composé de quatre Membres.

Les douze Membres de l'administration de district, éliront à la fin de leur première session, au *scrutin individuel* & à la *pluralité absolue des suffrages*, les quatre d'entr'eux qui composeront le directoire. Ceux-ci seront renouvelés tous les deux ans par moitié.

Le Conseil de district ne tiendra qu'une session tous les ans, pendant quinze jours au plus ; & comme la principale utilité des administrations de district, est d'éclairer celle de département sur les besoins de chaque district, l'ouverture de cette session annuelle des Conseils de district précédera d'un mois celle du Conseil de leur département.

Les directoires de district seront toujours en activité, comme ceux de département, soit pour l'exécution des arrêtés de l'administration du district, approuvés par celle de département, soit pour l'exécution des arrêtés de l'administration de département & des ordres qu'ils recevront de cette administration & de son directoire.

Enfin, les directoires de district rendront tous les ans le compte de leur gestion aux conseils de district, à l'ouverture de la session annuelle, & auront ensuite séance & voix délibérative en assemblée générale avec les Membres des conseils.

Un des points essentiels de la Constitution en cette partie, est l'entière & absolue subordination des administrations & des directoires de district aux administrations & aux directoires de département, établie par l'article XXVIII de la seconde section du Décret. Sans l'observation exacte & rigoureuse de cette subordination, l'administration cesseroit d'être régulière & uniforme dans chaque département. Les efforts des différentes parties pourroient bientôt ne plus concourir au plus grand bien du tout; les diftricts au lieu d'être des fections d'une adminiftration commune, deviendroient des adminiftrations en chef indépendantes & rivales, & l'autorité adminiftrative dans le département n'appartiendroit plus au corps fupérieur, à qui la Conftitution l'a conférée pour tout le département.

Le principe conftitutionnel fur la diftribution des pouvoirs adminiftratifs, eft que l'autorité defcende du Roi, aux adminiftrations de département; de celles-ci aux adminiftrations de diftrict, & de ces dernières aux municipalités, à qui certaines fonctions relatives à l'adminiftration générale, pourront être déléguées.

Les Confeils de diftricts ne pourront ainfi rien décider, ni faire rien exécuter en vertu de leurs feuls arrêtés, dans tout ce qui intéreffera le régime de l'adminiftration générale. Ils pourront feulement, fuivant la difpofition de l'article XXX, s'occuper de préparer les demandes qui feront à faire à l'adminiftration du département, & les matières qu'ils trouveront utiles de lui foumettre pour les intérêts du diftrict. Ils prépareront encore & indiqueront à leurs directoires les moyens d'exécution, & recevront fes comptes.

Les directoires de diftricts, chargés dans leurs reflorts refpectifs de l'exécution des arrêtés de l'adminiftration de département, n'y pourront faire exécuter ceux que les Confeils du diftrict fe feroient permis de prendre en matière d'adminiftration générale, qu'après que ces arrêtés des Confeils de diftrict auront été approuvés par l'adminiftration de département.

Les Procureurs généraux Syndics de département, & les Procureurs-fyndics de diftrict, auront droit d'affifter à toutes les féances, tant du Confeil que du directoire de l'adminiftration dont ils feront partie. Ils y auront féance à un bureau placé au milieu de la falle, & en avant de celui du Préfident.

Ils n'auront point de voix délibérative, mais il ne pourra être fait à ces féances aucuns rapports, fans qu'ils en ayent eu communication, ni être-pris aucuns arrêtés, fans qu'ils ayent été entendus, foit verbalement, foit par-écrit.

Ils veilleront & agiront pour les intérêts du département ou du diftrict; ils feront chargés de la fuite de toutes les affaires; mais ils ne pourront intervenir dans aucune inftance litigieufe, qu'en vertu d'une délibération du Corps adminiftratif. Ils n'agiront d'ailleurs fur aucun objet relatif aux intérêts & à l'adminiftration du département ou du diftrict, que de concert avec le directoire.

Il fera pourvu à l'interruption du fervice des Procureurs généraux Syndics & des Procureurs-Syndics, qui pourroit arriver pour caufe de maladie, d'abfence légitime ou de tout autre empêchement, par la précaution que les Membres des adminiftrations de département & de diftrict feront tenus de prendre après avoir nommé les Membres qui compoferont les directoires, d'élire de fuite & de défigner un de ces Membres pour remplacer momentanément, dans le cas ci-deffus, le Procureur général Syndic & le Procureur-Syndic.

§. V I.

Explications fur la fection III du Décret concernant les fonctions des Corps adminiftratifs.

LE principe général dont les Corps adminiftratifs doivent fe pénétrer, eft que, fi d'une part, ils font fubordonnés au Roi, comme chef fuprême de la nation & de l'adminiftration du royaume; de l'autre, ils doivent refter religieufement attachés à la Conftitution & aux loix de l'État, de manière à ne s'écarter jamais dans l'exercice de leurs fonctions, des règles conftitutionnelles, ni des Décrets des légiflatures, lorfqu'ils auront été fanctionnés par le Roi.

L'article I.er de la fection III du Décret, établit & définit les pouvoirs qui font confiés aux Corps adminiftratifs pour la répartition des contributions directes, la perception & le verfement du produit de ces contributions, la furveillance du fervice & des fonctions des prépofés à la perception & au verfement. Le même article établit les Corps adminiftratifs ordonnateurs des payemens pour les dépenfes qui feront affignées en chaque département fur le produit des contributions directes.

L'article II détermine la nature & l'étendue des pouvoirs conférés aux Corps adminiftratifs dans toutes les autres parties de l'adminiftration générale, & il en expofe les objets principaux

Il n'appartient pas à la Conftitution d'expliquer en détail les règles particulières par lefquelles l'ordre du fervice & les fonctions pratiques doivent être dirigés dans chaque branche de l'adminiftration. Les ufages & les formes réglementaires ont varié pour chaque partie du fervice, & pourront encore être changés & perfectionnés. Ces acceffoires étant hors de la Conftitution, pourront faire la matière de Décrets féparés, ou d'inftructions particulières, à mefure que l'Affemblée Nationale avancera dans fon travail, & ce qu'elle n'aura pas pu régler, reftera utilement foumis aux confeils de l'expérience, aux découvertes de l'efprit public, & à la vigilance du Roi & des légiflatures.

Ce qui fuffit en ce moment, eft que les différens pouvoirs foient conftitués, féparés, caractérifés, & que l'origine & la nature de ceux qui font conférés aux Corps adminiftratifs, ne puiffent être ni méconnues, ni obfcurcies. Il eft néceffaire d'obferver à cet égard que l'énumération des différentes fonctions des Corps adminiftratifs, qui fe trouve dans l'article II de la troifième fection, n'eft pas exclufive, ni limitative, de manière qu'il fût inconftitutionnel

3.

inconſtitutionnel de confier par la ſuite à ces Corps quelqu'autre
objet d'adminiſtration, non exprimé dans l'article. Cette énumération n'eſt que déſignative des fonctions principales qui entrent
plus ſpécialement dans l'inſtitution des adminiſtrations de département & de diſtrict.

L'État eſt un ; les départemens ne ſont que des ſections du
même tout. Une adminiſtration uniforme doit donc les embraſſer
tous dans un régime commun. Si les Corps adminiſtratifs, indé-
pendans, & en quelque ſorte ſouverains dans l'exercice de leurs
fonctions, avoient le droit de varier à leur gré les principes &
les formes de l'adminiſtration, la contrariété de leurs mouve-
mens partiels détruiſant bientôt la régularité du mouvement
général, produiroit la plus fâcheuſe anarchie. La diſpoſition de
l'article V. a prévenu ce déſordre, en ſtatuant que les arrêtés qui
ſeront pris par les adminiſtrations de département ſur tous les
objets qui intéreſſeront le régime de l'adminiſtration générale du
royaume, ou même ſur des entrepriſes nouvelles & des travaux
extraordinaires, ne pourront être exécutés, qu'après avoir reçu
l'approbation du Roi.

Le même motif n'exiſte plus, lorſqu'il ne s'agit que de
l'expédition des affaires particulières, ou des détails de l'exécution
à donner aux arrêtés déjà approuvés par le Roi : & par cette
raiſon, le même article V décide que, pour tous les objets de
cette ſeconde claſſe, l'approbation royale n'eſt pas néceſſaire
aux actes des Corps adminiſtratifs.

Le fondement eſſentiel de cette importante partie de la
Conſtitution, eſt que le pouvoir adminiſtratif ſoit toujours
maintenu très-diſtinct, & de la puiſſance légiſlative à laquelle
il eſt ſoumis, & du pouvoir judiciaire dont il eſt indépendant.

La Conſtitution ſeroit violée, ſi les adminiſtrations de département pouvoient ou ſe ſouſtraire à l'autorité légiſlative, ou

E

uſurper aucune partie de ſes fonctions, ou enfreindre ſes Décrets, & réſiſter aux ordres du Roi qui leur en recommanderoit l'exécution. Toute entrepriſe de cette nature ſeroit de leur part une forfaiture.

Le droit d'accorder l'impôt & d'en fixer tant la quotité que la durée, appartenant excluſivement au Corps légiſlatif, les adminiſtrations de département & de diſtrict n'en peuvent établir aucun, pour quelque cauſe, ni ſous quelque dénomination que ce ſoit. Elles n'en peuvent répartir aucun au-delà des ſommes & du temps que le Corps légiſlatif aura fixés. Elles ne peuvent de même faire aucuns emprunts ſans ſon autoriſation. Il ſera inceſſamment pourvu à l'établiſſement des moyens propres à leur procurer les fonds néceſſaires au payement des dettes & des dépenſes locales, & aux beſoins urgens & imprévus de leur département.

La Conſtitution ne ſeroit pas moins violée, ſi le pouvoir judiciaire pouvoit ſe mêler des choſes d'adminiſtration, & troubler, de quelque manière que ce fût, les Corps adminiſtratifs dans l'exercice de leurs fonctions. La maxime qui doit prévenir cette autre eſpèce de déſordre politique, eſt conſacrée par l'article VII. Tout acte des Tribunaux & des Cours de juſtice, tendant à contrarier ou à ſuſpendre le mouvement de l'adminiſtration, étant inconſtitutionnel, demeurera ſans effet, & ne devra pas arrêter les Corps adminiſtratifs dans l'exécution de leurs opérations.

Les adminiſtrations de département & de diſtrict qui vont être établies, ſuccédant aux États provinciaux, aux Aſſemblées provinciales & aux Intendans & Commiſſaires départis dans les généralités, dont les fonctions ceſſeront aux termes des articles VIII & IX, prendront immédiatement la ſuite des affaires.

Il fera pourvu à ce que tous les papiers & renfeignemens néceffaires leur foient remis, & à ce que le compte de la fituation de leurs départemens refpectifs leur foit rendu.

Elles recevront à l'ouverture, ou pendant le cours de leur première feffion, la notice des objets dont il paroîtra néceffaire qu'elles s'occupent provifoirement & fans délai.

Il étoit jufte de prévenir l'embarras qu'auroient éprouvé les provinces qui ont eu jufqu'à préfent une feule adminiftration, & qui fe trouvent divifées maintenant en plufieurs départemens pour terminer les affaires communes procédant de l'unité de leur adminiftration précédente. Ce cas a été prévu & décidé par le dernier article de la fection III du Décret. Chacune des nouvelles adminiftrations de département établies dans la même province, nommera parmi fes Membres, autres que ceux du directoire, deux Commiffaires. Les Commiffaires de tous les départemens de la province fe réuniront & tiendront leurs féances dans la ville où étoient le fiége de la précédente adminiftration. Ce Commiffariat compofé des repréfentans de toutes les parties de la province, s'occupera de liquider les dettes contractées fous l'ancien régime, d'en établir la répartition entre les divers départemens & de mettre à fin les anciennes affaires. Il ceffera auffitôt que la liquidation & le partage auront été faits, & rendra compte de fa geftion lorfqu'elle fera finie, ou même pendant fa durée, s'il en eft requis, à une nouvelle affemblée compofée de quatre autres Commiffaires nommés par chaque adminiftration de département.

L'organifation du Royaume la plus propre à remplir les deux plus grands objets de la Conftitution, la jouiffance, dès la prochaine légiflature, de la meilleure combinaifon de repréfentation proportionnelle qui ait encore été connue, & l'établiffement, dès le moment actuel, des Corps adminiftratifs les plus dignes de la confiance publique, font les nouveaux fruits que la Nation va recueillir des travaux de fes Repréfentans. Elle continuera d'y reconnoître leur refpect foutenu pour tous les principes qui affurent la liberté nationale & l'égalité politique des individus. L'attention de tous les citoyens doit fe porter en cet inftant fur la formation, très-prochaine des adminiftrations de département & de diftrict. L'importance de leur bonne compofition doit rallier, pour obtenir les meilleurs choix, les efforts du patriotifme qui veille pour la chofe publique & ceux de l'intérêt particulier, qui fe confond, fur ce point avec l'intérêt général. Le régime électif eft fans doute la fource du bonheur & de la plus haute profpérité pour le peuple qui fait en faire un bon ufage ; mais il tromperoit les efpérances de celui qui ne porteroit pas dans, fon exécution cet, efprit public qui en eft l'ame, & qui commande dans les élections, le facrifice des prétentions perfonnelles, des liaifons du fang & des affections de l'amitié, au devoir inflexible de ne confier qu'au mérite & à la capacité, les fonctions adminiftratives qui influent continûment fur le fort des particuliers, & fur la fortune de l'État.

Approuvé par le Roi.

Signé LOUIS. *Et plus bas,* DE SAINT-PRIEST.

LETTRES PATENTES
DU ROI,

Sur un Décret de l'Assemblée Nationale, contenant diverses dispositions relatives aux Assemblées de communautés & aux Assemblées primaires.

Données à Paris, le 3 Février 1790.

Louis, par la grâce de Dieu, & par la Loi constitutionnelle de l'État, Roi des François: A tous présens & à venir; Salut. L'Assemblée Nationale a décrété le 2 de ce mois, & Nous voulons & ordonnons ce qui suit:

ARTICLE PREMIER.

Dans les assemblées de communautés & dans les assemblées primaires, les trois plus anciens d'entre ceux qui savent écrire, pourront seuls écrire, au premier scrutin, en présence les uns des autres, le bulletin de tout citoyen actif qui ne pourroit l'écrire lui-même; & lorsqu'on aura nommé des Scrutateurs, ces Scrutateurs pourront seuls, après avoir prêté le serment de bien remplir leurs fonctions & de garder le secret, écrire, pour le scrutin postérieur, les bulletins de ceux qui ne sauront pas écrire.

CPSIA information can be obtained
at www.ICGtesting.com
Printed in the USA
BVHW08*1527041018
529297BV00008B/122/P

9 780484 606875